AF443020

Catalogación en la publicación – Biblioteca Nacional de Colombia

Chericián, David, 1940-
    Caminito del monte / David Chericián : ilustrado por Diana
Sarasti Realpe. -- 1a. ed. – Bogotá : Editorial Magisterio, 2016.
    96 p. : il. – (Colección oso de anteojos)

    Incluye datos biográficos del autor.
    ISBN 978-958-20-1235-9

    1. Poesía cubana - Siglo XX I. Sarasti Realpe, Diana Marcela, il.
II. Título III. Serie

CDD: C861.44 ed. 23   CO-BoBN– a990893

Caminito del Monte

David Chericián

Ilustrado por:

Diana Sarasti Realpe

Colección Oso de Anteojos

CAMINITO DEL MONTE

©   Chericián David.
Segunda edición 2016

©   Cooperativa Editorial Magisterio
Diagonal 36bis no 20-70
PBX: 0571-3383605
Bogotá, D.C. Colombia
www.magisterio.com.co

ISBN: 978-958-20-1235-9

Diseño e ilustración: Diana Sarasti Realpe

Todos los derechos reservados.

Los caminos poéticos de David Chericián

Son muchos los temas que aborda David Chericián en *Caminito del monte*, pero tal vez el principal, el que los resume a todos, sea el amor. Amor a la existencia, a la naturaleza, a la patria, a la pareja, a lo que hay en torno nuestro. El poemario es un canto a la armónica imbricación de cuanto puebla el universo donde habitamos; un saludo exultante a la vida, así como a la posibilidad que tiene el niño de conocer –en toda la maravilla de sus mutaciones, de sus complejas interrelaciones– el mundo. Y en ese conocimiento, nos dice Cherición con sus versos, hemos de adentrarnos no sólo a través de nuestros sentidos, sino también mediante las palabras, los conceptos, las ideas, el pensamiento... Tales son los múltiples caminos por los que convida el autor a transitar desde las páginas de su obra. Caminos para alcanzar el disfrute pleno de la vida: la inserción respetuosa, verdaderamente armónica, como un elemento más, en el inmenso concierto de la realidad.

Caminito del humo

va la candela,

camino del silencio,

los ruidos vuelan,

camino de la loma

la tierra sube,

caminito del agua

marcha la nube

("Canción de los caminitos")

El poemario estimula la iniciativa indagadora de la infancia, el afán de exploración que debe caracterizar a la niñez. Chericián convida con sus textos a buscar respuestas para todas las preguntas.

Cómo se llama el viento

sobre la palma,

y el oscuro tan hueco,

bajo la cama.

("Dindorindorolindo")

Caminito del monte es un cancionero de extraordinaria musicalidad. En él se emplea un lenguaje depurado, rico; es notoria la voluntad de utilizar el vocablo exacto, el matiz preciso. Estos elementos composicionales revelan a un poeta de temprana madurez, dueño de las herramientas de su profesión. Poesía de altos valores estéticos que los niños no vacilan en hacer suya, con la que se identifican sin obstáculos, ante la cual se sienten tan cómodos como si se tratara de uno más de sus juguetes. Poesía donde lo formativo está presente de manera sutil, implícita, en los mensajes éticos, morales, filosóficos y patrióticos subyacentes.

América es esdrújula,

de acento bien profundo

y no hace falta brújula

para encontrar su mundo.

("Lección de gramática II")

Caminito del monte es, sin dudas, el libro más regocijante de la poesía cubana para niños. El más luminoso, alegre y vital. No existe en Cuba otro poemario que transmita, con tamaña vehemencia, semejantes deseos de correr, de saltar, volar, cantar, reír. Libro bullicioso, optimista, explosivo, vibrante, donde la poesía deviene juego, acción creadora y transformadora, cognoscitiva. La obra deja a sus lectores la certeza de que nos hallamos inmersos dentro de una cosa maravillosa llamada la vida.

Sergio Andricaín.

Cómo empezó la cosa ...

A la orilla del Nilo, mientras andaba por el mundo, comencé a juntar estas palabras que poco a poco fueron convirtiéndose en canciones hasta formar este cuaderno. No con esa intención empecé a hacerlas ni pensé que llegaran a ser tantas. Pero ha sido mi forma de regresar un poco al patio y a los árboles donde canté y jugué y corrí cuando mi turno. No se resigna uno a haber dejado atrás el tiempo de jugar, y este es mi juego ahora: hacer canciones para que juegues tú.

Te diré como empezó la cosa: los niños en muchos países del mundo son pobres y tristes y su miseria es mucha y no todos llegan a hombres y, si llegan, es su destino trabajar muy duro para mantener a nuevos niños, también pobres y tristes. Y yo me puse triste al verlos. Pero al contrario, en otros sitios los niños son alegres y fuertes y animosos y en sus caritas hay la luz que sólo tienen los que pueden comer todos los días y preocuparse entonces por otras cosas; los hombres trabajan para ellos y les hacen juguetes y contribuyen a que crezcan fuertes y saludables y animosos y alegres. Y yo me puse alegre al verlos.

¿Es justo que en un lugar del mundo los niños sean pobres y tristes y en otro saludables y alegres?

Las primeras canciones nacieron como regalo para esos niños que ni canciones tienen y paso a paso fui entusiasmándome con el juego y descubrí que en ellas se podía ir diciendo todo esto, para ayudar de alguna forma a que los hombres –y por supuesto, los niños, que serán hombres mañana– se enteren de estas cosas y se junten para poner remedio y hacer que todos los niños del mundo puedan jugar y cantar y crecer alegres y contentos y ya no haya más niños tristes.

Pero antes de empezar, quiero pedirte: si encuentras algo demasiado largo, quita lo que no te guste; si demasiado corto, añade lo que quieras. Estas líneas son tuyas y puedes hacer con ellas lo que desees; yo no hice más que juntarlas mientras andaba por el mundo, para enseñarte algunas cosas y para divertirte. Hazlo pues, utilizando tu imaginación, mucho más poderosa que la mía, sabiendo que son tuyas y que cualquier aporte hecho por ti las pondrá más bonitas para los niños que vendrán después y jugarán con ellas, como tú.

David

Canción de Enero

Por la calzada

camina enero:

zapatos blancos,

sombrero negro.

Sombrero negro,

zapatos blancos,

por la calzada

viene cantando:

Yo soy enero,

el mes primero

y el año empieza

cuando yo llego

con mis zapatos

y mi sombrero,

¡yo soy enero!

Alegre y triste,

triste y contento

por la calzada

camina enero.

Canción de la luna

Este juguete

que rueda y ronda

–cara redonda

con colorete–

corre y se mete

por la ventana,

bota y rebota

y es la pelota

que en la mañana,

yo no sé adónde,

huye y se esconde

por haragana.

Pero a su cara

de huevo frito

un día un grito

sacude y para:

vuela y repara

su colorete,

corre y aúlla

y arma la bulla

pues se le mete

por la ventana

la gran campana

de un gran cohete.

Canción del viaje a la estrella

Parado en una estrella

te voy a esperar

porque con un cohete

me voy a pasear,

y parado en una estrella

te voy a esperar.

Allí la geografía

es fácil estudiar

porque la tierra toda

se puede contemplar,

y allí la geografía

es fácil estudiar.

Se puede ver los ríos

que corren hacia el mar

y los montes que bajan

al llano a descansar,

y se puede ver los ríos

que corren hacia el mar.

Se puede ver los polos

que tan fríos están

y el ecuador que abraza

a la tierra y al mar,

y se puede ver los polos

que tan fríos están.

Así mientras paseamos

podemos estudiar

allá arriba en la estrella

donde voy a jugar,

y así mientras jugamos

¡qué lindo es estudiar!

Canción del día
que se perdió

Se me ha perdido un día

y lo quiero buscar

ahora, pues de noche

no lo podré encontrar.

Si fue lunes o martes

no puedo recordar;

tal vez era domingo,

¡qué lástima me da!

porque se me ha perdido

un día día da

y por más que lo busco

no lo puedo encontrar.

¿Habrá sido algún jueves,

o miércoles quizá?

Pero si era domingo

¡qué lástima me da!

porque se me ha perdido

un día día da

y por más que lo busco

no lo puedo encontrar.

Puede haber sido un viernes,

¿un sábado será?

Si acaso era domingo

¡qué lástima me da!

porque se me ha perdido

un día día da

y por más que lo busco

no lo puedo encontrar.

Canción del caminito de la mar

Caminito de la mar

una barca se perdió

y ninguno encontró

la barca que por la mar

se perdió.

Cuentan unos, otros cuentan

que la barca se perdió

en un rumbo que encontró,

según unos y otros cuentan

se perdió.

Buscan unos, otros buscan

la barca que se perdió

y no encuentran como yo

aquel rumbo donde un día

se perdió.

Canción del caminito de luna

Un camino de luna

volando vuela

que pasa por mi casa,

luz de candela.

Luz de candela,

vuela volando,

volando ando,

volando vuela.

–Caminito de luna,

luz de candela,

¿dónde vas tan de prisa

vuela que vuela?

–Voy a casa del viento

que es quien me lleva

que vuela que volando,

luz de candela.

Luz de candela,

vuela volando,

volando ando,

volando vuela.

Dindorin dorolindo

Cómo se llama el ruido

de la campana,

dindorindorolindo,

cómo se llama.

Cómo se llama el viento

sobre la palma,

y el oscuro tan hueco

bajo la cama.

Dindorindorolindo,

cómo se llama

la luz que entra de noche

por la ventana.

Dindorindorolindo,

cómo se llama,

dindorindorolindo,

La sed del agua.

Canción del tiempo

El tiempo,

el tiempo,

el tiempo se murió

y lo van a enterrar

dentro de un gran reloj

con las manos cruzadas

a las diez y a las dos;

que sí,

que no,

que el tiempo se murió

y nadie sabe, nadie,

a qué hora sucedió;

que sí,

que no,

que el tiempo se murió.

Canción de las rimas

Todo tren

tiene su andén.

Toda barquilla

su orilla.

Y todo amor

su dolor.

Qué maravilla,

qué bien.

De lo mejor.

Canción

del A E I O U

¿Qué será?

No lo sé.

¡Yo lo vi!

¿Qué pasó?

¿Un sijú?

¿Un majá?

¿Un bebé?

¿Un totí?

¿Quizás yo?

Tal vez tú.

Canción
de los caminitos

Caminito del humo

va la candela,

camino del silencio

los ruidos vuelan,

camino de la loma

la tierra sube,

caminito del agua

marcha la nube,

camino de la fruta

marcha la planta,

camino de la tarde

va la mañana,

camino del diamante

marcha el carbón

y en camino a tu casa

camino yo.

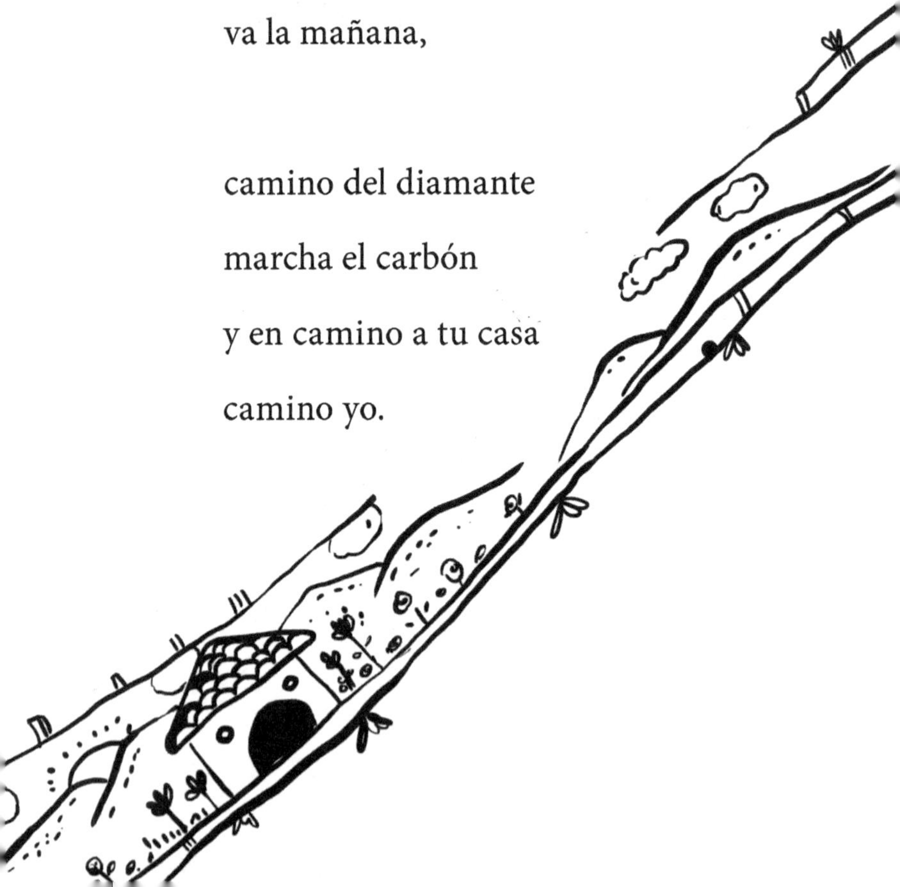

Canción
de las parejas

Encima de un pino

palomo y paloma:

la música vuela

y canta en las copas.

Debajo de un puente

ratón y ratona:

se arrastra la música

en medio de sombras.

Bajo el sol y el aire

la playa y la ola:

¡cómo canta el mundo

su canción redonda!

Ronda del con

Noche con luna,

día con sol,

lluvia con agua,

mata con flor.

Guagua con rueda,

rumba con son,

yuca con mojo,

pan con lechón.

Puerta con llave,

luz con farol,

pero con para,

para con por.

Todos con uno,

uno con dos

y yo contigo,

contigo yo.
Canción.

Canción de los nombres

El aire se llama viento;

el agua con tierra: fango;

el hierro más duro: acero;

el bote más grande: barco.

Las horas se llaman tiempo

y el lugar se llama espacio;

tú, si te llamo, te llamas

como cuando yo te llamo.

El mundo se llama Tierra

y el ave se llama pájaro;

¡cómo me llamara yo

si me estuvieras llamando!

Canción de la lluvia

Tilín tin tin

tilín tilón,

llueve la lluvia

su canción.

Cuando la lluvia

baña los mangos,

la tierra tierra
se vuelve fango.

Tilín tin tin
tilín tilón,
la lluvia llueve
su canción.

Como la calle
no tiene capa,
la lluvia lluvia
cae y la empapa.

Tilín tin tin
tilín tilón,

llueve la lluvia

su canción.

La lluvia moja

la tierra tierra:

después el hombre

viene y la siembra.

Tilín tin tin

tilín tilón,

llueve la lluvia

su canción.

Llueve en la tierra,

llueve en la calle:

¡dile a la lluvia

que no se calle!

Tilín tin tin

tilín tilón,

llueve la lluvia

su canción.

Baile
de la caña

La caña baila,

baila en el viento;

¡mira qué lindo

su movimiento!

Va hacia delante

y hacia atrás,

muy despacito

sigue el compás.

La caña baila,

baila en el viento,

mira qué lindo

su movimiento.

¡Que sí, que no,

que yo me voy

a bailar con la caña,

sí señor!

Canción del cangrejo

Trastabillando

marcha el cangrejo:

ocho motores,

dos catalejos.

Dos catalejos,

ocho motores,

recorre el mundo

de sur a norte.

De sur a norte,

de oeste a este,

trastabillando

vienivayviene.

Vienivayviene

de dentro afuera:

con pala y pico

cava en la arena.

Cava en la arena

su domicilio.

Cuando se aburre

se va a otro sitio.

Se va a otro sitio

siempre en silencio:

trastabillando

marcha el cangrejo.

Canción de la vaca, el perrito y el conejo

Una vaca,

bonita pero no gorda y tampoco flaca,

en la aurora

pasea con su torito como una tora;

por el monte

se escucha el bonito canto de algún

sinsonte.

Un perrito,

de cuerpo que no muy grande ni muy

chiquito,

de mañana

pasea con su perrita por la sabana;

la colina

se alegra con la canción de la golondrina.

Un conejo,

con cara no de muy joven ni de muy

viejo,

muy temprano

pasea con su conejita de la mano;

la floresta

con canto de pajaritos hace una fiesta.

Canción del caminito del monte

Caminito del monte,

¿dónde va usted?

A lo alto del monte,

pues tengo sed.

El agua de lo alto

¿cómo ha de ser?

Voy al monte a saberlo,

que aún no lo sé.

¿Por qué al monte por agua

camina usted

si en la orilla del río

puede beber?

De las aguas del río

ya me sacié,

por eso voy al monte

para beber

agua nueva en lo alto,

pues tengo sed.

La nueva agua del monte

¿cómo ha de ser?

Voy al monte a saberlo

que aún no lo sé.

Canción del aire en la altura

Vamos a la loma,

donde vuela el aire

junto a la paloma.

Vamos para el monte,

donde tiene el aire

canto de sinsonte.

Ven a la colina,

donde crece el aire

y alegre se empina.

Vamos para el cerro,

donde pasa el aire

con voz de cencerro.

Vamos a la sierra,

donde canta el aire

pegado a la tierra.

Canción de la cordillera

Mira qué linda
la cordillera,
la tierra sube,

se empina, vuela.

Las nubes bajas

se van de fiesta

por los caminos

de las laderas.

Qué fiesta grande

tiene la tierra

cuando se empina

buscando estrellas.

Montaña y loma

se juntan, juegan

a no acabarse

y alzar la cresta.

Qué fiesta grande,

no te la pierdas,

mira qué linda

la cordillera.

Lección de gramática

Yo estoy, tú estás

y ella está y él también;

y todos los que estaban, estuvieron

y están muy bien.

Estamos, estaremos

nosotros; ella y él

estarán lado a lado y yo, que estuve,

estaré.

Y si acaso estuviera

alguien que no haya estado aquella

vez,

¡bienvenido!, que estar es lo

importante

–y que todos estén.

Lección de gramática II

América es esdrújula,

de acento bien profundo,

y no hace falta brújula

para encontrar su mundo.

Llana es Patrias, con grave

acento de banderas;

todas juntas: la clave

del amor sin fronteras.

Libertad es aguda

como Revolución:

su firme acento ayuda

a cantar la canción.

Canción de
la solidaridad

Mi casa no es mi casa

si hay quien no tiene casa

al lado de mi casa.

Calabaza, calabaza.

La cosa es que mi casa

no puede ser mi casa

si no es también la casa

de quien no tiene casa.

Cancion del país con rey

¡Mal van los hombres
con su dominio!
José Martí.

He llegado a un país
donde hay un rey.

¡Un rey a estas alturas!

¡No puede ser!

Pues sí que ser que puede,

que puede ser,

que yo vi su retrato

sobre un papel;

y en el retrato estaban,

detrás de él,

unos señores gordos

cuidando al rey.

Y eso de que lo cuidan

¿qué puede ser?

Pues sí que ser pudiera,

pudiera ser

el temor a la historia

del ajedrez:

que al final los peones

tumban al rey

y los reyes son ellos

en vez de él.

¿Y eso ocurrir pudiera,

pudiera ser?

¡Pues sí que ser que puede,

que puede ser!

Son del pueblo trabajador

¡Cuando sale el sol!

Nicolás Guillén.

Cuando sale el sol

a la fábrica pronto

camino yo,

cuando sale el sol,

porque soy el obrero

trabajador,

cuando sale el sol.

Cuando sale el sol

las tierras de mi tierra

cultivo yo,

cuando sale el sol,

que soy el campesino

trabajador,

cuando sale el sol.

Cuando sale el sol

por los mares del mundo

navego yo,

cuando sale el sol,

que soy el marinero

y el pescador,

cuando sale el sol.

Cuando sale el sol

del centro de la tierra

saco el calor,

cuando sale el sol

porque soy el minero

trabajador,

cuando sale el sol.

Cuando sale el sol

a construir la vida

camino yo,

cuando sale el sol,

porque yo soy el pueblo

trabajador,

cuando sale el sol,

el sol,

el sol,

cuando sale el sol.

Contenido

David Chericián

Nació en la Habana, Cuba. Realizó estudios de teatro, música y peridismo. Fundador de la televisión cubana y de revistas y periódicos de carácter literario.

Ha escrito muchísimos libros de poesía que han sido disfrutados por chicos y adultos.

Habla varios idiomas, lo que le ha permitido traducir obras de varios autores de valor universal como Charles Perrault, Oscar Wilde, T.S. Eliot, Wilhelm y Jakob Grimm, Antoine de Saint-Exupéry y Robert Louis Stevenson.

www.ingramcontent.com/pod-product-compliance
Lightning Source LLC
Chambersburg PA
CBHW051249150726
48001CB00019B/1916